AF261038

Dias Divertidos com Cães: Contos Reais de Experiências Engraçadas com Cães

Leroy Vincent

Traduzido por Glaubert Barros

Fun Dog Days
True Tales of Funny Dog Experiences

Leroy Vincent

The opinions expressed by the author are not necessarily those of Revival Waves of Glory Books & Publishing.

Published by Revival Waves of Glory Books & Publishing

PO Box 596| Litchfield, Illinois 62056 USA

www.revivalwavesofgloryministries.com

Revival Waves of Glory Books & Publishing is committed to excellence in the publishing industry.

Published in the United States of America

Paperback: 978-1-68411-194-7

Índice

Conto 1

F

ritz foi nosso cachorro por muitos anos. Nós o pegamos na Humane Society no dia em que ele seria sacrificado. Eles nos disseram depois que nós o escolhemos e adotamos. Fritz amava acampar e com o passar do tempo ele parecia entender a palavra. Com a simples menção de ir acampar ele ficava muito animado e corria pela casa com tanto ímpeto que isso o fazia pular até a altura da prateleira da cozinha. Era muito engraçado de se ver, mas acabamos tendo que deixar de usar a palavra acampar para nos prepararmos para a viagem.

Conto 2

E

u tenho um pastor alemão que tem três anos de idade e pesa quarenta e cinco quilos. Uma das coisas mais engraçadas que ele faz é tentar encontrar alguém. Se você está em um quarto ou um corredor e ficar imóvel por cerca de um minuto, ele virá te ver, então irá parar e começar a recuar um pouco. Se você continuar parado, ele vai fugir mas vai voltar e se abaixar enquanto ele tenta decidir se ele deve ficar ou sair. Se você tremer ou der um passo à frente, ele pula e corre o mais rápido que consegue. O Taser vai correr pelo sofá e de volta até você e a correria começa de novo. Você pode ficar imóvel mais de uma vez e ele sempre vai surtar. Ele faz uma bagunça no sofá mas ele é tão engraçado! Para ele é como tentar não olhar para um acidente, ele tem que voltar querendo mais!

Conto 3

M

inha cachorra é uma Chihuahua de quarto quilos e meio que é incrivelmente adorável e doce mas que pode ser uma besta também. Certa vez, ela ouviu algo na TV que soava como um "eu te amo" agudo e isso fez com que ela reagisse uivando/latindo. Então, nós começamos a imitar o que ela ouviu uivando "eu te amo" para ver o que ela faria e ela uivou "eu te amo" de volta toda animada. Ela faz isso toda vez agora e é a coisa mais engraçada do mundo.

Conto 4

O
nome do meu cachorro é Rahul. Ele é muito bonito e esperto como o Google; ideal para guardar a casa. Ele também é muito ativo. Eu lembro de um incidente que me fez rir muito agora. Certa vez, meu tio pegou uns doces para comer sem que ninguém soubesse escondeu no bolso de sua calça. Na verdade, ele sofria de diabetes, então ele não deveria comer coisas doces, por isso ele os escondeu. As crianças começaram a procurar por eles e então eu também comecei a procurar pelos doces. Era muito estranho os doces terem sumido e eu comecei a perguntar outras pessoas dentro de casa, mas parecia que ninguém estava com eles. De repente, meu Rahul pulou na direção do meu tio e beliscou o bolso de sua calça acertando sua coxa e o machucando. Esse incidente fez todos rirem.

Conto 5

E

u tenho um cachorrinho. Seu nome é Chippu e ele é bem malcriado. O Chippu brinca e corre com nossos filhos. De vez em quando, ele pega a bola, mas ele é sempre o ganhador. Gostamos bastante do nosso Chippu e ele cuida perfeitamente da casa. Frequentemente, ele briga com os gatos da rua e começa a latir.

Conto 6

Eu escolhi herdar um filhotinho de cachorro há certa de três anos. Ele é uma mistura de Leão da Rodésia com Rottweiler. Quando eu fui pegá-lo de uma cria de oito, todos os filhotes estavam correndo para lá e para cá, brincando. Quando eu estava prestes a escolher, tinha um meio que se escondendo atrás de um arbusto, todo tímido e evitando os outros cachorrinhos. Eu pensei, hmmm legal, eu gosto de cachorro tímido e pensei que ele seria fácil de treinar. Eu fui até ele e o peguei, todo bonitinho e fofinho do jeito dele com aquele cheiro bom de cachorrinho. Eu tinha acabado de escolher meu novo cachorro.

Cinco meses depois, o adestramento está indo bem. Ele está bem esperto e se comporta muito bem. Eu o tenho adestrado desde que o peguei e ele parece ter desenvolvido bons hábitos.

Agora ele sabe onde ir ao banheiro e não fica mastigando as coisas quando eu não estou por perto. Então eu decidi tentar deixá-lo sozinho um dia inteiro. Vou bloquear áreas da casa para que ele possa ter poucos lugares para percorrer. Acertei todos os detalhes e deixei muitos brinquedos para que ele pudesse brincar.

Eu saí para o trabalho com os dedos cruzados que talvez haja um acidente ou ele mastigue sua cama. Eu vou para o trabalho e penso que talvez seja melhor eu almoçar em casa para checar como ele está. Só se passaram quarto horas desde que eu o deixei.

Eu estacionei ao lado da casa e posso vê-lo sentado no sofá todo feliz. Quando eu cheguei na porta da frente, eu pude ver pela janela e fiquei em choque com o que eu vi. Então eu abro a porta e o que eu achei foi a sala frontal da minha casa transformada em uma zona onde passou um tornado. Quero dizer que esse cachorrinho decidiu mastigar todas as almofadas do sofá até as deixar em mil pedaços, minha mesa de café parece com milho na espiga com todos os lados arrancados a mordidas. Tem cerca de cinco cocôs no chão. A porta do quarto de alguma forma foi aberta e minhas roupas de baixo, papel higiênico e meu edredom estavam triturados com penas para todos os lados. Quer dizer, parecia que o diabo-da-tasmânia passou pela minha casa e teve um dia de campo.

Enquanto isso, eu vejo fumaça e sinto cheiro de queimado vindo da cozinha. Eu me pergunto que diabos é isso. Eu vou para a cozinha e uma das bocas do fogão está acesa com labaredas subindo, porque é um fogão a gás. Eu posso jurar, eu tenho certeza que não deixei ligado pois eu não cozinhei naquela manhã.

Depois de desligar o fogão e voltar para a sala, meu cachorro está bonitinho e não se moveu do sofá onde ele está com aquela expressão de eu acabei de te ferrar na carinha linda dele enquanto ele está lá deitado com a cabeça entre as duas patas da frente.

Eu comecei a limpar tudo, o que levou cerca de duas horas. Eu disse para mim mesmo, eu gostaria muito de ter uma câmera em casa porque eu só posso imaginar esse cachorro fazendo tudo isso e parando de vez em quando para olhar para a câmera como se dissesse, "Olha papai, se você me deixar sozinho é isso que eu vou fazer para você!"

Até hoje, eu não consigo por mais que eu me esforce descobrir como diabos ele ligou o fogão a gás e abriu minha porta. Não preciso nem dizer que meu cachorro cresceu e está muito bem comportado, mas levou um tempo até eu deixá-lo sozinho de novo. Ah, e eu ainda não tenho uma mesa de café.

Conto 7

M

Inha irmã e eu pedimos pizza para almoço certo dia. Decidimos sair da casa por um minuto, não lembro a razão, mas assim que saímos, ouvimos uma batida alta vinda da sala de jantar, onde deixamos a pizza. Corremos para dentro e achamos nossa cachorra, uma mistura de lébrel irlandês com pastor alemão, sentada no meio da mesa com a cara enfiada na nossa pizza. Ela tentou se esconder atrás das caixas quando nos viu e parecia não conseguir decidir se era melhor ficar na mesa ou pular e se esconder em outro lugar. Eu não conseguia nem gritar com ela de tanto que ria.

Conto 8

E

stamos orgulhosos de anunciar que a agenda do nosso tour de 2016 é a mais agitada de todas! Na verdade, quebramos todos os recordes de maior quantidade de shows de acrobáticos com cachorros produzidos em um ano, por uma organização. Como uma empresa de entretenimento familiar, este é um ano dos sonhos! Nós não apenas estamos entretendo milhões em mais de 50 cidades nos EUA, estamos também conscientizando o público de forma positiva sobre propriedade e adoção responsável de animais de estimação em cada comunidade onde nos apresentamos. Esse é o maior de nossos objetivos e a nossa maior paixão que desde 1999!

Conto 9

Eu tenho um Border Collie que adora bagunçar tapetes. Um dia, eu gritei com ele porque ele bagunçou o tapete da porta da frente. Eu saí para pegar a correspondência, voltei e descobri que o tapete tinha SUMIDO. Ele carregou o tapete como se fosse um jogador de futebol Americano para o outro lado da casa até a suíte máster e o colocou no outro lado da cama para que fosse difícil de achar. Eu posso jurar que ele achou que isso era engraçado. Pateta.

Conto 10

Nossa cachorra Bailee Boo é uma mistura de Golden Retriever, Black Lab e Pastor Alemão. Ela é uma cachorra muito especial para nós. Ela tem uma personalidade maravilhosa. Ela adora deitar de cabeça para baixo e sorrir. Ela sacode ambas as patas, toca na nossa mão, senta bonitinha e espirra.

Ela adora pirulitos. Um dia, ela veio conosco na nossa SUV e nós tivemos que ir para uma loja comprar algo e a deixamos no carro com ele ligado. Uma das crianças trouxe um pouco desses pirulitos com sabor natural de morango. Nós voltamos para o carro e ouvimos esse som de sugar, eu virei e disse, "Bailee" e ela levantou a cabeça do banco traseiro com um pirulito pendurado na boca. Ela estava chupando. Foi muito engraçado vê-la com aquilo pendurado na boca! Ela adora. Ela ama o Halloween por causa dos pirulitos.

Ela foi atropelada por uma SUV grande quando tinha cinco meses e o veterinário disse que ela nunca viu um cachorro com tanta vontade de viver e tão leal a sua família. Ela teve deslocamento de quadril, ferida no útero e sangramento interno, costela quebrada, etc. Ela ficou no oxigênio por três dias e sobreviveu a isso tudo.

Conto 11

E

u tenho uma malamute do Alaska de três anos de idade. Quando eu morei em Washington, eu tinha uma porta de correr de vidro e eu deixei minha cachorra dentro da casa enquanto cuidava do quintal. Eu olhei para a porta de correr de vidro e ela já tinha aberto metade da porta de correr de vidro cutucando a maçaneta com o nariz. Ela finalmente conseguiu abrir e lá veio ela.

Conto 12

M

eu cachorro, Snow, é cego e surdo, então, além de ser brincalhão e carinhoso, ele pode ser um pouco mais difícil de lidar do que outros cachorros. Seu sentido de olfato é ainda mais impressionante e proeminente do que em cachorros comuns já que essa é sua forma primária de perceber o mundo ao seu redor. Além disso, quando se trata de comida e petiscos, ele sabe que se ele sente o cheiro, então ele tem que calmamente sentar de um jeito específico antes que ele receba.

Uns meses atrás, meu irmão veio para ficar por umas semanas, e fora o que eu cozinhava, sua dieta parecia consistir quase apenas de torradas e sanduíches de manteiga de amendoim. Agora, Snow, como a maioria dos cachorros, gosta muito de manteiga de amendoim, e apesar de meu irmão nunca ter dividido com ele, Snow rapidamente desenvolveu o hábito de ir até ele e sentar esperando um petisco. Eu só posso imaginar que meu irmão tinha um leve cheiro de manteiga de amendoim graças a sua estadia, porque sem errar Snow sentava e pedia todas as vezes que meu irmão entrava no mesmo cômodo que ele.

Meu irmão veio de novo fim de semana passado. Minha companheira o deixou entrar e esqueceu de me dizer, mas quando eu voltei de uma caminhada, o cachorro me avisou antes de todo mundo. Ainda achando que meu irmão devia ser feito de manteiga de amendoim, e depois de sentir o cheiro dele, o cachorro correu para o andar de cima e sentou do lado de fora do cômodo em que meu estava pronto pra ganhar um petisco.

Conto 13

O

melhor cachorro que eu tive pesava 5,4 quilos e ele era uma mistura de terrier chamado Tuffy. Ele recebeu esse nome porque ele acha que é o maior e mais malvado cachorro que já existiu.

No bairro em que vivíamos havia vários gatos e, como os cachorros fazem, eles perseguiam os gatos. É claro, Tuffy se declarou xerife do nosso quintal e "gatos não eram permitidos". Um dia, enquanto Tuffy estava vigiando o quintal, ele cruzou com um gato grande e imediatamente começou a latir e correr atrás dele. O gato, que era no mínimo duas ou três vezes maior que Tuffy, não correu como os outros gatos. Do contrário, ele se virou e começou a perseguir o cachorro.

Depois do incidente, quando era hora de Tuffy usar o banheiro, ele colocava a cabeça para fora da porta e olhava ao redor para se certificar que estava seguro antes de sair.

Foi tão engraçado, não preciso nem dizer que ele nunca mais perseguiu outro gato, ele mudou para pássaros.

Conto 14

Q uando nós pegamos nossa cachorrinha ela tinha medo de tudo. Eu lembro de um travesseiro caindo e aterrissando de pé e parecendo mais ou menos com o formato de uma criança pequena e ela de pé lá, latindo para ele por pelo menos cinco minutos.

Conto 15

M

eu cachorro Rambo é muito engraçado. Ele pesa cerca de dois quilos e duzentos gramas e acha que pesa cinquenta quilos. Adoramos quando ele rosna porque é tão alto e perverso e faz um som de borbulho. E ouvir isso vindo de seu corpinho nos faz rir tanto que quase fazemos xixi nas calças.

Nossos filhos gostam de brincar de luta conosco e o mais engraçado é que Rambo é muito protetor com eles e quando ele nos vê lutando, começa a 'atacar' e acha que está fazendo algo com seu pequeno eu e todos nós caímos na risada!

Conto 16

U

m cachorro está se recuperando depois de conseguir ficar agarrado na grade do radiador de um carro por quase 90 quilômetros. O cachorro viajou de Coleraine até Belfast, encravado na frente de um Peugeot 306.

O motorista pensou que tinha batido em algo na via dupla depois de Coleraine quando ouviu uma pancada, mas depois de não ver nada na estrada, ele continuou sem saber do 'passageiro'. Foi só quando ele chegou a Odyssey Arena em Belfast que ele ouviu um som de latido vindo da frente da capota.

Depois de tamanha tribulação, o cachorro estava compreensivelmente mal humorado, e essa atitude o rendeu o apelido de Father Jack, em honra ao padre irritadiço do sitcom Father Ted, relatou Peter Allen no programa 'Drive' da Radio 5 Live.

Conto 17

D

escrever um cachorro pode ser um exercício de escrita muito divertido. Quase todos amam cachorros e isso sempre brilha quando escrevemos sobre nossos amigos caninos. Há Três níveis diferentes nesse post. Nível 1 é inglês básico e vai até o nível 3 que é inglês intermediário. As grades são para serem lidas de cima para baixo mas pode ser mais fácil arrancar qualquer palavra que você acha útil e misturar para sua redação. Se você é um estudante, espero que isso te ajude com sua redação. Deus abençoe e cuide-se.

Nós temos uma cachorra de bolsa de mão. Pelo menos é assim que a minha mãe a chama, provavelmente porque ela a leva para fazer compras em sua bolsa de mão. Ela é uma miniatura de Yorkshire Terrier e ela é uma graça. Sua qualidade mais atraente é que ela é amigável com todo mundo, especialmente crianças. Elas amam seus olhos castanhos e seu pelo lustroso. Ela também tem as patinhas mais bonitas. São como patas de raposa e ela adora cavar o jardim com elas. Ela também tem uma cauda pequena que parece marshmallow. É macia e branca, então chamamos de marshmallow.

Ela pode ser bem refinada e exigente quanto a sua comida às vezes. Ela torce o nariz para comida de cachorro, mas arrancaria sua mão por um biscoito de chocolate. Seus dentes pequenos e afiados acabam com quaisquer petiscos que damos.

Ela é sempre brincalhona e nós a adoramos. Seu corpo magrinho é muito energético. Tenho certeza que ela às vezes acha que é uma gazela ou um leopardo! Apesar de ela poder ser temperamental como uma criança humana, nós não a trocaríamos por nada.

Labradores são do tipo justamente oposto. Sim, eles são fofinhos e brincalhões mas às vezes eu acho que eles tem um lado negro. O Meu, Elvis, fica deitado perto do fogo em uma noite de inverno sonhando seus sonhos caninos quando de repente, do nada, ele emite um rosnado de coagular o sangue. Ele parece o Cujo quando faz isso, com os dentes a mostra e pelos do pescoço para o alto. Eu fico me perguntando se ele está perseguindo um coelho imaginário ou um ladrão quando está sonhando. Talvez sejam os últimos remanescentes de lobo vindo à tona. Ele nunca mostrou agressividade para comigo mas faria alguém pensar o mesmo.

Quando ele volta ao modo Labrador, ele é uma figura. Seus olhos se tornam joviais e calorosos de novo e brilham com uma cor azulada. Ele também tem ótimas qualidades físicas. Seu pelo é polido, com uma cor quase de cobre, e ele pula com muita energia usando aquelas suas patas. Abençoado com uma calda fina para equilíbrio, ele é o cachorro mais hiperativo e ágil com quem já fiz amizade.

Conto 18

E

u tenho um Boxer de dois anos de idade. Ele é marrom e branco, e é extremamente inteligente e engraçado. Uma vez eu estava do lado de fora de casa com um amigo e meu cachorro, estávamos conversando e o cachorro estava correndo para lá e para cá, latindo para todas as pessoas que passavam, e também estava latindo para outros cachorros ou gatos que passavam.

Ele é um cachorro leal e sempre senta perto de mim como se estivesse me protegendo. De repente, eu não conseguia ver ou ouvir meu cachorro, mas continuei conversando com meu amigo que estava na calçada. Então, eu senti algo quente nas minhas costas, e eu olhei para trás e vi que meu cachorro estava fazendo xixi nas minhas costas como se estivesse marcando território. Meu amigo riu muito por bastante tempo e eu fiquei muito envergonhado e irritado com o meu cachorro por ter feito isso.

Eu voltei para dentro de casa e minha mãe, meu irmão e minha irmã estavam rindo também porque eles viram minha camisa molhada e fedendo muito, então, eles se referiram a mim como árvore banheiro do cachorro. Então eu deixei de estar irritado e comecei a rir com meu amigo e minha família. Que momento para se lembrar. Que cachorro!

Conto 19

À s vezes, meu cachorro se apropria de um sapato ou um pano de prato, ou algum outro item doméstico. Essa é a única ocasião em que ele é mau, e ele rosna para nós. Contudo, nós gritamos, "Vá para seu quarto!" que é a lavanderia que é onde fica sua cama e seus brinquedos e ele corre para "seu quarto", rosnando até chegar lá como se ele fosse um adolescente zangado!

Conto 20

O

nome do minha cachorra é PotPie e ela é uma Golden Labrador. Eu morava só quando a peguei então quando eu ia trabalhar ela tinha que ser deixada sozinha. Ela era ativa demais, na verdade, para ficar só, e um dia eu cheguei e achei meu sofá totalmente destruído com ela deitada em cima como se nada tivesse acontecido. Eu tirei uma foto dela naquele momento, e hoje é minha foto favorita. A expressão em seu rosto era uma de total negação, e ela estava deitada lá como se ela tivesse finalmente feito com que o sofá ficasse confortável para ela.

Conto 21

E

u tenho uma mistura de Jack Russell com Chihuahua chamada Daisy. Uma coisa engraçada que ela faz são suas tentativas de pular na cama. Eu bato na cama para que ela suba e ela tenta correr e pular e bate na lateral da cama e volta para o chão. Ela faz isso umas três ou quarto vezes antes de finalmente correr na direção da cama e conseguir chegar em cima.

Eu também tenho uma gata. Uma vez, quando a gata era filhote, ela estava comigo em cima da cama e Daisy entrou no meu quarto. Eu a chamei e ela tentou subir como sempre faz e quando ela finalmente conseguiu, ela percebeu que a gata estava na cama. Ambas congelaram e ficaram se encarando. O pelo no pescoço de Daisy se ouriçou um pouco, pois ela estava querendo brincar. De repente, minha gata pulou na direção de Daisy e ela andou para trás e caiu da cama. Ela não se machucou e quando ela tentou pular de volta isso acabou assustando a gata. Elas assustaram uma a outra e isso foi engraçado de presenciar.

Conto 22

M

eu cachorro Jake e eu fomos caminhar no parque. Esse parque tem áreas específicas para cavalos e eles andam nas mesmas trilhas que as pessoas andam. Quando Jake viu os cavalos pela primeira vez, ele os olhou como se fossem cachorros gigantes. Ele não ficou muito confortável com os cavalos. No primeiro momento, ele andou na lateral perto deles mas depois tomou coragem para ir até um e cheirar. O cavalo abaixou a cabeça para cheirar Jake também. Parecia que os dois estavam se dando muito bem e então o cavalo soltou um grande espirro em cima do Jake. Foi muito engraçado assistir sua reação ao espirro. Aquela experiência ainda me faz rir quando penso nela.

Hoje, Jake ainda gosta de cavalos e quer ir até cada um deles e dizer, "Oi".

Conto 23

M

eu cachorro é um Corgi Labrador pequeno e gordinho que adora doce. Seu favorito é pirulito. Um dia, ele estava na pick-up conosco quando fomos na loja para comprar algo e o deixamos no carro com o motor ligado. Meu filho comprou um desses pirulitos com sabor natural de morango. Quando voltamos para o carro, ouvimos um barulho de sugar, e eu me viro e digo, "Reggie" e ele levanta a cabeça do banco traseiro com o pirulito pendurado na boca.

Conto 24

M

inha cachorra é uma mistura de Pastor Alemão, Beagle e Dachshund. Esse tipo de mestiço sai um cachorro do tamanho de um Beagle com bastante energia.

Ela foi atropelada duas vezes. Por conta disso, e provavelmente por assistir a nós humanos, agora ela senta reta como um humano com uma perna aberta. Ela até deixa uma perna pendurada ao invés de sentar em uma perna como a maioria dos cachorros fazem. Eu ainda acho graça quando a vejo sentada inclinada como um humano. Ela até senta na varanda, olhando para o pôr do sol com sua calda achatada na madeira do convés.

Conto 25

M eu cachorro adora mastigar coisas como qualquer cachorro. O que faz do meu cachorro tão engraçado é o jeito que ele gosta de morder seus brinquedos e seus ossos, e basicamente qualquer coisa em que ele consiga por as patas. Então, imagine um poodle de brinquedo deitado de costas, suas patas frontais abraçando um osso que, repare, é para um cachorro do tamanho de um pastor alemão, mastigando.

Tudo que você precisa ver é que garoto feliz ele é, chamar seu nome enquanto caminha na direção dele enquanto ele está com seu brinquedo de morder. Isso traz um sorriso ao meu rosto, mas o que quer que aconteça, nem pense em tirar aquele osso dele...senão a perseguição começa!

Conto 26

E

u ia ter visita em casa, então cerca de uma hora antes deles chegarem, eu levei meu cachorro para passear para que ele pudesse fazer suas necessidades. Depois da caminhada, eu tomei banho e me vesti. Eu saí e ele andando para lá e para cá no meu chão de madeira com suas patas da frente, arrastando seu traseiro. Ele esfregou fezes por toda sala de estar. Naquele exato instante, a campainha toca e meus amigos estão lá.

Conto 27

E

u tinha um cachorrinho que eu tinha acabado de pegar na Humane Society. Ele era o mais precioso cachorrinho nesse mundo. Eu o levei para casa e ele dormia comigo como um bebê.

No primeiro dia que eu fui trabalhar e voltei pra casa todos os meus sapatos e roupas estavam em pedaços. Essa não é a melhor parte. No dia seguinte, esse cachorrinho pegou minha dentadura do meu criado mudo e fugiu e o enterrou no quintal. Então eu acordei e não achei minha dentadura e tive que ir até o quintal e cavar e depois lavá-la. Mas eu só achei a parte de cima, não a de baixo. Eu me apressei e a lavei e enfiei na boca e fui trabalhar apenas com meus dentes de cima, não os de baixo.

Conto 28

E

u estava brincando de pegar com meu recém adotado Jack Russell Terrier, o Cooper, no meu quintal cercado. O meu vizinho soltou seu cachorro no seu quintal. Nenhum dos dois cachorros tiveram contato até então. O cachorro do vizinho era um bichon frisé pequeno e fofinho chamado Snickers. Meu cachorro viu o cachorro do vizinho e correu até ele instantaneamente. Meu cachorro correu por debaixo da minha cerca gradeada como se ela sequer existisse e começou a atacar o cachorro do vizinho.

Eu não conseguia chegar até meu cachorro porque a cerca estava no caminho.

O vizinho corre e chuta meu cachorro para longe do seu. Meu cachorro solta um grito agudo e se distrai do ataque. O vizinho agarra seu cachorro e volta para dentro da casa.

Depois que eu levei meu cachorro de volta para dentro da minha casa, eu voltei para me desculpar pelo comportamento do meu cachorro mas as minhas batidas na porta foram ignoradas. Felizmente, eu depois descobri que seu cachorro não ficou ferido.

Meu cachorro agora tem que sair de coleira todas as vezes apesar de eu ter um quintal cercado, já que não tenho como contê-lo.

Conto 29

A

lguns anos atrás, eu dava aulas de piano em casa. O cômodo em que eu dava aulas tinha muito fácil acesso da porta de entrada. Os alunos entravam pela porta da frente e nós tínhamos privacidade nas outras partes da casa. Havia uma porta dupla que dividia essa sala e a sala ao lado.

Minha família tinha um cachorro, o Arnie, que era bem imprevisível. A única coisa que eu podia prever é que ele estaria em outra parte da casa quando eu estava dando aulas.

Eu estava concentrado dando aula para uma aluna adolescente e de repente eu senti um cheiro familiar, porém pungente. Eu sabia que eu não tinha soltado gases estava certo que minha aluna também não tinha. Eu estava começando a me sentir bastante envergonhado.

Pela minha visão periférica, eu vi alguma coisa peluda e preto e branca. De alguma forma meu cachorro abriu a porta dupla sem que eu visse e se escondeu atrás de uma cadeira. Ou devo dizer, ele fez cocô atrás da cadeira. Isso foi bem incomum vindo dele. Meu cachorro deixou a sala e eu fiquei sentado sem saber o que fazer. Parte de mim queria dizer algo e outra parte de mim queria agir como se eu não pudesse sentir cheiro algum. Eu não sabia se eu limpava a bagunça ou se eu deixava lá até minha aluna sair. Minha aluna nunca disse nada então talvez seu senso de olfato não seja tão bom quanto o meu.

Conto 30

"O

meu Westie, o Dash, levantou sua perna e fez xixi em uma pilha de bolsas de mulheres no aniversário de 50 anos do meu marido" disse Amy Weirick. A festa aconteceu no quintal, e para a defesa de Dash, as bolsas foram jogadas em uma pilha debaixo de uma árvore. "Sua árvore favorita, aparentemente."

Em outra ocasião, Weirick estava levando Dash para passear passando pela escola primária durante a prática de lacrosse de seu filho de 10 anos de idade. As crianças foram para debaixo da sombra de uma árvore, onde seus jarros de água do tipo Thermos tinham sido colocados. "Assim que o técnico e seu filho se aproximaram, Dash levantou sua perna e fez xixi em cima do jarro de água do filho do técnico," disse Weirick. Ela levou o jarro para casa, esfregou, limpou com alvejante e devolveu para o garoto. "Resumindo: aos olhos de nosso cachorro, qualquer coisa deixada debaixo de uma árvore está liberada para ele deixar sua marca."

Conto 31

E

u recentemente tive um corte de cabelo ruim. Eu fiquei com muita vergonha. Na verdade, isso aconteceu no dia anterior ao que eu teria que ser mestre de cerimônia de um evento de caridade muito bem frequentado. Eu não estava contente mas eu criei coragem, a noite inteira encabulado. A razão de eu mencionar isso é por causa da reclamação de uma cliente recentemente. Ela levou sua cachorra para a tosa (não um dos nossos, ainda bem) e disse que o pelo dela foi cortado tão curto que ele ficou com vergonha. Ela contou como sua cachorra correu de dentro do carro e imediatamente se escondeu debaixo da cama depois de seu "corte ruim." Ela não queria sair por algumas horas, mesmo depois de seu marido chegar e oferecer um petisco.

Cachorros ficam com vergonha se eles tiverem um dia de "cabelo ruim"? Eu nunca pensei muito a respeito. Acontece que alguns pesquisadores de comportamento canino pensaram. Dr. Marc Bekoff, um ex-professor de ecologia e biologia da evolução na University of Colorado e autor de "The Emotional Lives of Animals," observou cachorros por milhares de horas em sua carreira. Ele concluiu que cachorros têm sentimentos de "vergonha, timidez e humilhação."

Outro pesquisador, o neurobiólogo Dr. Frederick Range da Universidade de Vienna concorda. Seus estudos demonstram que cachorros têm outras emoções secundárias como "ciúmes, culpa e empatia."

Imagino que Markoff e Range concordariam com minha cliente que seu canino de pelos curtos certamente estava "envergonhado."

Nem todos os experts em comportamento animal concordam. De fato, a maioria diz que pesquisadores como Markoff e Range estão sem algumas sinapses quando eles falam sobre animais terem emoções complexas como vergonha (você não vai querer saber o que falam de mim). A noção tradicional é de que cachorros apenas experimentam emoções de "reação instantânea" como medo, alegria, tristeza e raiva. O pensamento estabelecido é de que vergonha é muito além do alcance emocional dos cachorros.

Eu adoraria que eles conhecessem meu menagerie e ainda acreditassem nisso. Eu não apenas acredito que meus cachorros sintam emoções secundárias, eles também são capazes de ser simplesmente patetas. Estudem isso, experts sabidões.

Na minha própria experiência posando de "Papai Noel pra Cachorro" por dezenove anos e testemunhando um desfile quase infinito de cachorros e gatos vestidos e embonecados, eu posso dizer que alguns animais de estimação claramente não estão felizes com o que papai e mamãe estão fazendo com eles.

Conto 32

M

eu marido, meu filho, e eu fomos até o aeroporto pegar uns amigos da família que estavam vindo para as comemorações de final do ano. Eles não são os maiores fãs de cachorro, mas eu os assegurei que nosso cachorro é muito bem comportado e sempre passeia de carro. Então, cinco minutos na estrada, depois de tê-los pego, ouvimos um peido barulhento, e meu filho começa a rir dizendo, "Reggie peidou." De repente, todo o carro começou a cheirar mal e tivemos que abaixar as janelas para tentar arejar rápido. Nem preciso dizer que esses amigos da família nunca mais pediram carona.

Conto 33

Semana passada durante feriado, toda a minha família estava sentada a mesa na sala de jantar almoçando. Estávamos tendo um almoço típico de feriado com peru, batatas, molho, legumes, e sobremesa. Enquanto isso, nós não percebemos que meu cachorro estava na cozinha fazendo algo absolutamente engraçado. Meu cachorro, cujo nome é Axl (por causa do cantor Axl Rose), estava sentado no balcão comendo sua própria refeição. Quando minha esposa entrou para pegar mais molho para o purê de batatas, ela o viu pular de cima do balcão e correr para o porão. Infelizmente para nós, Axl comeu todo o molho.

Pelas próximas horas, Axl ficou no porão e toda a minha família riu do acontecido. Eu me perguntei se o molho o deixaria doente, e meu avô se perguntava se o molho o faria vomitar. No fim, Axl nem ficou doente e nunca vomitou. Eu tenho certeza, contudo, que essa história engraçada de cachorro vai ficar na minha família e vai ser citada em reuniões de família por anos e gerações.

Adquira sua cópia do Livro de Colorir Dias Divertidos com Cães.

Sua classificação e suas recomendações diretas farão a diferença

Classificações e recomendações diretas são fundamentais para o sucesso de todo autor. Se você gostou deste livro, deixe uma classificaÃ§Ã£o, mesmo que somente uma linha ou duas, e fale sobre o livro com seus amigos. Isso ajudará o autor a trazer novos livros para você e permitirá que outras pessoas também apreciem o livro.

Seu apoio é muito importante!

Procurando outras ótimas leituras?

Seus livros, seu idioma

A Babelcube Books ajuda os leitores a encontrar ótimas leituras. Ela tem o papel de mediadora, aproximando você e seu próximo livro.

Nossa coleção é alimentada por livros produzidos no Babelcube, um mercado que aproxima autores de livros independentes e tradutores e distribui seus livros em vários idiomas no mundo todo. Os livros que você encontrará foram traduzidos, para que você possa descobrir leituras incríveis em seu idioma.

Temos a satisfação de trazer livros do mundo todo até você.

Caso queira saber mais sobre nossos livros, acesse nosso catálogo e solicite nossa newsletter. Para conhecer nossos lançamentos mais recentes, visite nosso site:

www.babelcubebooks.com[1]